Jean Pierre Penderekoli

Le Sahel, les Peuhls, les transhumances et les couloirs de la mort

Jean Pierre Penderekoli

Le Sahel, les Peuhls, les transhumances et les couloirs de la mort

Éditions Muse

Imprint

Cover image: www.ingimage.com

Publisher:
Éditions Muse
is a trademark of
International Book Market Service Ltd., member of OmniScriptum Publishing Group
17 Meldrum Street, Beau Bassin 71504, Mauritius
Printed at: see last page
ISBN: 978-620-2-29888-9

Le Sahel, les Peuhls, les transhumances et les couloirs de la mort

Les peuhls, un peuple sans Etat

Les peuhls sont pour l'Afrique ce que les Tsiganes sont pour l'Europe. Aussi évoluée que l'Europe puisse l'être, elle est incapable d'arriver à résoudre le problème de ce peuple. Les Bororo, eux aussi, sont un peuple d'éleveurs musulmans très nombreux mais sans Etats. La colonisation les a laissés pour compte. Le besoins de pâturages pour leurs nombreux bétails fait qu'ils sont à cheval sur tous les Etats du périmètre sahélien devenu la ceinture des intégristes. Et en même temps, ils sont devenus un creuset où fusionnent les forces du mal. Djihadistes et Intégristes prennent appui sur eux pour s'invectiver. Du fait qu'ils disposent de bétails, ils servent contre leur gré de mangeoires et de pisteurs de par leur maîtrise de la brousse à ces éperdus sociaux.

L'on se demande pourquoi des bandits sans moyens traqués par des hyperpuissances disposant de moyens ultra sophistiqués dont des Drawns et des avions avec des lunettes de vision nocturnes dans un espace désertique sans buissons donc sans cachettes n'arrivent pas à les éradiquer. Ils se cacheraient certainement dans la population soumise et incapable de les trahir sous peine de représailles disproportionnées et sanglantes. De l'Opération BARCAN à G5 Sahel, ils sont toujours là et les objectifs poursuivis sont loin d'être atteints. Du moment où leurs ennemis crient victoire, ils renaissent de leur cendre. La lutte contre les DJIHADISTES ressemble à la guerre sainte menée par les chrétiens contre les musulmans qui fut une guerre idéologique.

L'Occident ne veut pas du Califat qui pourtant est un système d'administration fondé sur des principes d'intégrité. Le mal qui y est et qui est combattu, beaucoup de gens n'y voient rien. L'Occident a mis au point la police, la gendarmerie et d'autres systèmes pour rendre justice et réguler la vie des groupes au cas où des citoyens enfreignaient la loi. En dépit de cela, le mal inné en l'homme sévit toujours. Les principes dont nous avons parlé sont laxistes. Dans un califat, la peine de mort toujours en vigueur a contribué à baisser des comportements les plus abjects dans la société. Le vol, le viol, le meurtre, l'homosexualité et la bestialité devenus des modes de vies avec leurs corolaires les Infections Sexuellement Transmissibles en Occident sont presque inexistant dans les pays islamiques. L'on ferme les yeux sur ces désordres au nom de la liberté alors que l'homme n'est pas un être libre, il est soumis à des déterminismes implacables.

Faire un portrait des peuhls et de leurs principales activités quotidiennes permettrait de les identifier même dans une mêlée inextricable de personnes sur une place publique où ils sont minoritaires. Ils se présentent comme des hommes plus souvent de taille moyenne aux jambes grêles, sveltes, le nez pointu, les yeux et la peau clairs et toujours en tunique. Ils ne connaissent pas des vêtements de type occidental et paraissent des laissés pour compte de la civilisation. Ils ont une culture de nomades propre à eux et sont d'excellents marcheurs qui ne craignent pas les distances. Leurs femmes n'hésitent pas à parcourir des kilomètres pour arriver et étaler leurs produits dans des marchés périodiques le plus souvent très distants qui se tiennent à tour de rôle dans des emplacements bien définis.

Le Sa-ourou ou bâton de poing est toujours dans leur main soit pour orienter ou maîtriser leurs bêtes par des tapes légères soit pour se défendre quand bien même ils ont aussi des couteaux et des épées sur eux. Arcs et flèches pleines dans des karkois pendent en bandoulière sur leur dos.

D'origine, ils appartiennent aux pays désertiques- Tchad, Mali, Niger, Nigeria dans lesquels la végétation est rare et brûlée par la fournaise du désert ne tarde pas à s'évanouir d'où leur errance à la recherche de la nourriture pour leurs nombreux bétails. Des conflits meurtriers les opposent toujours entre eux ou avec des autochtones des régions qu'ils traversent, car leurs troupeaux détruisent parfois les champs de ces derniers. Il faut cependant les distinguer : les Akou de teint noir aux cheveux tressés avec des visages portant des scarifications sont plus dangereux dans le mysticisme que leurs homologues de teint clair.

Le premier peuhl appelé Bororo en Centrafrique mit pied dans le pays en 1935, le traversa pour aller s'installer à Ouro-Djafoun dans la région de Bambari Chef-lieu de l'Ouaka.

Apparemment, ils sont d'allure paisible mais d'excellents guerriers. Ici en République Centrafricaine, leur cohabitation a toujours été bonne et même souhaité. La présence des femmes Bororo dans un village signifiait le lait frais, du miel, des poulets à bas prix et d'autres denrées de consommation courante. Certaines personnes s'alliaient à eux par mariage.

L'histoire montre que le peuplement de l'actuel RCA s'est fait par des tributs ayant fui devant la pression d'un chef peuhl du nom D'Ousmane Dan Fodio venant du Sud du Nigéria, des riverains et des soudanais. Il s'agissait des Gbaya et des Mandja, les premiers élirent domicile dans l'Ouest et les seconds continuèrent jusqu'à traverser le fleuve Oubangui pour déguerpir à nouveau devant des chasseurs d'hommes venant des régions des Grands lacs et de retraverser l'Oubangui pour enfin venir s'installer au centre du pays.

Les Bororo ou peuhls vécurent en paix dans le pays en tant que résidents étrangers jusqu'à ce que les démons des discordes à la faveur des mouvements politico-militaires viennent bouleverser cette quiétude. Les rapines de leurs bêtes, les prélèvements et les rançons inexpliqués imposés par des belligérants devenus pour eux des parasites les ont poussés à prendre eux-aussi des armes pour se protéger et en même temps protéger leurs troupeaux. Ils devinrent dangereux à partir de ce moment-là.

La rencontre avec eux dans les brousses est dangereuse. Dès que des chasseurs entendent leurs bruits, ils désertent les lieux et s'installent plus loin de leur proximité. La distinction est difficile à faire entre celui qui est ennemi et celui qui est ami. La bonne entente qui a toujours prévalu a disparu. Plus de cohésion sinon que le qui-vive qui prévaut. Et pourtant leurs apports sont positifs sur le plan économique.

Ils ont un sens de pisteurs sans égal. Des topographes hors-pairs. Des cours d'eau, des couloirs et leurs aboutissements, les répartitions de la végétation, les vallons, la connaissance et les interprétations des signes du ciel n'ont pas des secrets pour eux. Les deux saisons qui alternent pluies et sécheresse leur sont des atouts.

Chacune d'elle apporte son l'eau de bienfaits. Pendant la saison des pluies, la brousse repousse et alimente les bêtes ; les cours d'eau qui ont tari sont à nouveau rempli et les bêtes trouvent partout à manger et à boire. Pendant la saison sèche, la brousse est brûlée, ce qui permet la repousse de la végétation pour les bêtes, ce qui fournit aussi la région en nourriture pour les hommes, car c'est pendant ce temps que les cueillettes florissent.

Végétations luxuriantes, cours d'eau sans nombres, pâturages étendues à perte de vue, tout cela fait de la République Centrafricaine un pays de savanes boisées, un paradis pour un peuple d'éleveurs, les peuhls. Malheureusement, ils vivent en étrangers dans le pays et se sentent intrus aux activités politiques comme partout d'ailleurs. Dans tous les pays où il y a des mouvements politico-religieux et militaires, les peuhls y sont pour quelque chose. Car, ce sont eux qui offrent les espaces et orientent les déplacements des rebelles en lutte contre les gouvernements légaux.

Couloirs de transhumances et de la mort

Un peuhl peut parcourir toute une région sans *Guiding Planetarian System*(GPS*)*. Nous avons dit qu'ils sont de bons pisteurs pour eux-mêmes mais aussi pour des rebelles dans un pays en guerre où des groupes armés croissant comme des têtards dans un étang sont en lutte contre les gouvernements pour le pouvoir. Ils n'ont pas de choix, ils sont entre le marteau et l'enclume, car des hommes armés, sans pitié, plus forts que jamais sont prêts à infliger des châtiments correctionnels exemplaires sévères à quiconque oserait négliger leurs injonctions. Leur survie ne dépend que de l'intelligence à jouer la juste proportion entre les camps en conflit.

Ces peuhls au départ tentent de faire allégeance à ces rebelles qui de prime abord se présentent comme leurs défenseurs par solidarité musulmane. Très vite, ils remarquent qu'en réalité ce sont de fourbes et dangereux ravisseurs de bétails. A ce niveau, la cohabitation bien que très risquée devient un mal nécessaire. Au risque de perdre tous leurs bétails et se faire tuer en plus, ils préfèrent la résignation pour ne sauver que ce qui peut l'être. Ils deviennent au gré des situations des pisteurs armés et sont à la première ligne dans les combats. Les rebelles, une fois vaincus peuvent se replier mais les peuhls pour besoin des pâturages restent en place et deviennent la risée des populations et encourent en plus d'autres risques. L'animosité entre eux et les communautés locales grandissent et tout le monde en pâtit. Les conflits permanents se créent entre les deux et l'on se regarde en chien de faïence. La viande de vache devient rare et coûte chère. Les peuhls eux-aussi ne peuvent se ravitailler en produits des champs des natifs.

Les gens comprennent que les rebelles empruntent les couloirs de transhumance sous la conduite d'éleveurs peulhs. Un soudanais ne saurait atteindre seul Bangui par la brousse sur une distance de milliers de kilomètres. Des mercenaires maliens, nigériens, tchadiens atteignent facilement la capitale Bangui comme alléchés par le spectre de nombreux butins obtenus par pillages, rapines et meurtres d'innocents. Parlons aussi des antécédents qui ont ouvert la voie à ces aventuriers sans scrupule.

En 2003, le général Bozeze, s'étant brouillé avec le Président Patassé pour une affaire des Dame-jeanne de diamant pris dans la maison de Kolingba comme butin de guerre est entré en rébellion. Aidé par des tiers dont des mercenaires, le président français de l'époque et celui du Tchad, il est venu prendre aisément le pouvoir. Les forces en présence à l'époque étaient inégales. Patassé n'avait pas de moyens aériens qui auraient lui donné l'avantage. Et encore ses alliés, les faibles présidents des pays CEMAC étaient dans la botte de l'Elysée. Ils ne pouvaient rien faire tant leur maître leur en interdit. Et lui Bozeze de s'ériger en dieu sur la République Centrafrique qu'il met en gage à ses soutiens avant la victoire et la prise du pouvoir. Il promet à ses hommes (des mercenaires) qu'il les laissera piller le pays pendant trois jours en guise de leur récompense pour l'avoir porté au pouvoir. Il n'y a que le Dieu du ciel qui peut promettre pareille chose parce que tout lui appartient mais pas un mortel qui est en train de finir comme tous les autres.

Aujourd'hui les données ont changé. Le Président Touadera, fort de ces expériences, ne s'est pas fourvu dans une quelconque solidarité avec ses pairs traitres de la CEMAC. On ne peut se complaire d'un traitement du cancer avec de l'aspirine. Il a donc diversifié ses partenaires militaires stratégiques. Il est allé vers le Rwanda et la Russie, deux puissances qui ne sont pas sous l'influence française.

Ces pays amis sont venus pour soutenir le gouvernement légitime qui est en place par rapport à cette France dont les accords de défense avec le pays n'ont été que des alibis pour intervenir et renverser des présidents au profit des rebelles.

La France dans une toile d'araignée

Pourquoi la France et non une autre puissance colonisatrice? A vue d'œil, les problèmes qui donne naissance à ces mouvements militaro-politiques naissent dans la plupart des cas dans l'Afrique francophone : Mali, Niger, Tchad, Centrafrique, Congo, Gabon, Togo. Il y a eu au moins un coup-d'Etat sanglant dans ces pays.

Le premier a été perpétré au Togo en 1963. Yassingbé Eyadema, un démobilisé de l'armée française a éliminé Sylvanius Olympio très indépendantiste et non francophile pour lui succéder comme président sur le pays toute sa vie ; David Dacko, le premier Chef d'Etat élu au début de l'indépendance en 1959 et destitué en 1979 par son cousin Jean-Bedel Bokassa pour s'être rapproché de la chine ; Joseph Kasa-Vubu du Congo Kinshasa fut évincé par un coup d'Etat politique en 1965 par le Maréchal Mubutu, il mourut en résidence surveillée dans sa maison à Boma dans le Bas-Congo ; pendant ce temps les Houphouet Boigny de côte d'Ivoire, Léopold Cedar Senghor, Yassinbgé Eyadéma trop francophiles prospéraient tranquillement dans leur pays respectifs.

Le besoin de la France, c'est d'avoir des présidents dociles à sa politique de chasse-gardée de ses anciennes colonies à travers ce qui fut appelé la France-Afrique qui est une conférence plus souvent présidée par le chef-d'Etat français avec ses homologues et valets africains, conférence pendant laquelle il dicte sa volonté aux chefs d'Etat qui croient tenir leur place par son soutien. Les récalcitrants sont enlevés par coup d'Etat. La défense des droits de l'homme que la métropole fait montre n'est pas pris en compte dans ce cas de figure où c'est l'intérêt du chef qui prime.

La toile d'araignée ici, c'est une politique de profit sans autres soucis que les Gaullistes ont pratiquée et qui continue encore aujourd'hui dans leurs anciennes colonies. Dans le cas de la République Centrafricaine, c'est le bilatéralisme avec la France qui a prévalu. Quand David Dacko voulant diversifier la coopération s'était rapproché de la Chine, ça a suffi pour qu'il soit évincé du pouvoir par le colonel Jean Bedel Bokassa devenu président à vie puis empereur avant d'être détrôné à son tour par son prédécesseur qu'il a fait tomber plus tôt. Que ce soit Dacko, Bokassa, Patassé, Bozeze, ces quatre présidents ont subi le même sort, celui d'avoir été évincé par coups-d'Etat ourdis depuis l'Elysée parce que ces derniers avaient osé chercher à diversifier leur partenariat avec d'autres puissances.

Ce qui est grave, c'est que ce jeu commence à sentir mauvais et nuisibles aux yeux de toute l'Afrique et d'attirer l'attention des pays non-francophones qui considèrent ces coups-d'Etat comme un frein au développement du continent. Les pays des grands lacs ne sont pas sous l'influence française et pourtant ce sont eux qui sont en première ligne dans la recherche des solutions au syndrome centrafricain.

Récemment, une conférence les a réunis en Angola pour débattre du problème. Toutes les intentions ou presque étaient contre les coup-d'Etat. Bientôt, ils pourraient penser que c'est la présence des bases françaises en Afrique (Gabon, Tchad ; Côte d'Ivoire) qui encourage les rebellions comme dans le cas de la RCA ou qui soutient des dictateurs comme au Tchad et au Congo, tout cela avec la complicité des voisins les plus proches.

Et aujourd'hui encore, le même scénario a failli se répéter. Patassé soutenu par ses pairs des pays de la CEMAC est tombé sans coup férir. Le président Toudéra fort de ces précédents comprit une fois au pouvoir que c'est dangereux de n'avoir pour alliés que des faibles. Il se rapprocha de la Russie et du Rwanda deux puissances qui n'ont rien à craindre de la France.

Et voilà que les apartés et les tentatives de déstabilisation avec Bozeze échouèrent. Les complots sont dévoilés. La seule carte possible à jouer pour la France, c'est de s'aligner sur la position du Rwanda et de la Russie venus à la rescousse du président Touadera démocratiquement élu pour gagner quelques légitimités. Hier, c'était des faibles qui sont manipulés, aujourd'hui, des puissances avec lesquelles on peut compter.

La France en tant que pays, peuple et culture est excellente. Elle a beaucoup contribué au progrès de l'humanité en matière des sciences, des techniques et de sa langue qui fait notre fierté aujourd'hui. Nous n'ignorons pas les noms de Pasteur, un chimiste et biologiste qui a beaucoup fait dans la connaissance des infiniment petits qui a permis la mise au point d'un vaccin contre la rage ; les Frères lumières, pionniers du cinéma ; les frères Montgolfier avec leur invention du ballon dirigeable ; les poètes La fontaine, Victor Hugo...et bien d'autres. Ce pays appartient au groupe des pays dits colonisateurs. Les rois de France cependant se sont beaucoup plus souciés de la grandeur de ce pays en Europe seulement et non au-delà des mers. C'est ainsi qu'ils se sont taillés la superficie la plus étendue d'Europe occidentale sur un continent aussi maigre.

Quand Dupleix, l'administrateur français des Indes se battait contre les anglais et qu'il a demandé des renforts à la métropole, l'Elysée lui a répondu que « *Quand le feu est à la maison, on ne s'occupe pas de l'écurie* ». Les anglais à la recherche des terres et très soutenus par la reine ont ravi à la France tout l'Inde pour ne lui laisser que cinq comptoirs. Cela a été la même chose dans le cas du Canada perdu aussi par Montcalm au profit des anglais. Si l'Inde et tout le Canada étaient restés dans le giron français, c'est la langue française qui devait aujourd'hui dominer dans le monde.

Ce comportement a fait que la France en Europe a de l'importance, au-delà des mers, elle est peau de chagrin. Ce pays n'a pas bâti de colonies de peuplements sinon que de colonies d'exploitation. Elle a envoyé plus d'explorateurs que de colons. C'est pour cela qu'il n'y a aucune colonie essentiellement peuplée de Français comme les Anglais aux Etats-Unis et en Australie.

Rappelons quelques faits de l'histoire pour montrer que le besoin de la France ce sont les matières premières et non des terres. Pour combler ce vide, la France se permet de pratiquer une politique de « diviser pour mieux régner ». L'administration procède en prenant toujours le côté de la minorité avec l'intention de la dominer plus facilement par rapport au côté majoritaire qui paraît peu maniable. Ils s'en prennent aussi à ceux qui sont délégués pour aller contribuer à rechercher la paix entre les frères ennemis.

En 1961, au Congo Kinshasa, le Katanga avec son sous-sol très riche était en lutte de cessession contre le gouvernement centrale qui siège dans la capitale. Dag Amalshior, le premier secrétaire général de l'ONU est envoyé pour aider à solutionner le problème. La France voyait cela d'un mauvais œil, car son objectif était que cette localité du Katanga obtienne son indépendance afin de mettre à sa disposition ses immenses ressources du sous-sol. Alors, dès que l'avion du délégué de l'ONU se présentait dans l'espace aérien du Congo, un avion militaire français venant de Brazzaville l'a abattu. Cela a été tenu secret jusqu'à ce qu'un auteur français puisse le révéler dans un livre qui vient de paraître. Nous tenons cette information d'une émission d'RFI.

C'est dans ce climat que nous comprenons le sens de l'adage *« La France n'a pas d'amis, mais des intérêts »*. A voir les évènements suivants, nous sommes portés à croire que la

France n'est pas prête à faire main-basse sur ses anciennes colonies qu'elle continue de considérer comme un prolongement du territoire français. L'esprit de l'union française qui voulait que la métropole et ses colonies forment une grande France avec pour capitale Paris et offrir la possibilité aux ressortissants des colonies de se présenter au suffrage universel en France-même, cette vision politique est encore en vigueur. Continuer sournoisement sur cette lancée serait un saut dans l'inconnu vu les nouvelles donnes qui prennent place dans toute l'Afrique.

La plupart des chefs d'Etat et leur peuple veulent une gestion sans paternalisme de leur pays. Ils ont donc commencé par rompre les cordons de la soumission dont le premier est le FCFA.

L'Afrique unie, la fin des velléités

En terme simple, l'unité fait la force. A vue d'œil, les pays qui aujourd'hui jouent le rôle d'hyper puissances sont grands par leur taille et leur populations nombreuses, car c'est dans la multitude qu'il y a conseils. C'est ainsi que les pays coloniaux se sont vu obligé de pratiquer la politique de diviser pour mieux régner. Et à l'heure actuelle, ces coloniaux, en dépit de leurs avances technologiques sont devenus de *Peaux de chagrin*, car ils sont rattrapés et mêmes dépassés. Ils se voient obligés de trouver la force dans des alliances comme l'O.T.A Les Africains ont beaucoup d'atouts pour réussir une fédération que les autres continents.

Un proverbe dit que l'unité fait la force. Ce ne sont pas de vains mots. Les pays qui font la loi aujourd'hui sur la terre, à voir dans leur histoire, ce sont des peuples qui se sont battus pour s'unir et qui ont accepté sur leur sol de nombreux immigrants. La synthèse des intelligences et des expériences sont réalisée pour atteindre l'efficacité nécessaire à leur développement. Aux Amériques, c'est l'exemple des Etats-Unis qui est à noter et en Afrique, c'est l'Afrique du sud qualifié d'Etat arc-en-ciel à cause de son vaste métissage et du Nigéria qui a même effrayé De Gaulle, président français.

Unir le continent est une nécessité, car c'est drainer chez soi tout ce qui est meilleur au monde à son profit. L'Afrique uni aura les atouts nécessaires pour son épanouissement en tant que grande puissance. Les indépendances n'ont rien apporté à l'Afrique sinon, un changement de maître. Le Chef noir a remplacé le Blanc et les deux sont des dictateurs. L'indépendance, au lieu de transformer l'existence pour rendre plus heureux les gens, cette attente a été déçue. Le problème s'est au contraire envenimé et la notion de racisme qui se situe toujours sous l'angle de la couleur de la peau contraire se situe maintenant dans la même couleur de peau.

Le Noir peut maltraiter un autre Noir tout comme le Blanc un autre Blanc. Les discordes entre les Noirs eux-mêmes et aussi entre eux et les arabes du Nord est aussi une autre source de problème. Après les indépendances, les structures racistes coloniales ont survécu entre les mains du nouveau maître noir qui l'utilise maintenant à son avantage. Le malaise postcolonial est ressenti partout. Certains pays ont bien sûr fait des efforts pour mettre à l'aise leur population, mais l'environnement précaire dans lequel les Etats évoluent, du fait de leur interdépendance voue ces efforts à l'échec. Quand la République Centrafricaine est en guerre, le Tchad voisin sera envahi des réfugiés et leurs lots des désordres de sorte que pour rester en paix, il faut stabiliser aussi les voisins immédiats.

Les esprits les plus avisés voient qu'il n y a que l'unité qui peut arranger la situation. Les premiers actes allant dans ce sens seront tentés : Fédération du Mali par exemple qui ne tardera pas à s'éclater par orgueil nationaliste du Sénégal avec Senghor. La Sénégambie sera aussi une autre tentative qui fut vouée à l'échec.

Les nationalités ne valent rien aujourd'hui. Les gens cherchent de la force dans l'unité. Les sociétés traditionnelles africaines ont toujours été égalitaires. Il n'y avait pas de notions de castes et de privilégiés susceptibles de s'opposer à de nouvelles classes émergentes par des rébellions afin de conserver leurs privilèges. La réussite matérielle d'un individu ne suscitait aucun conflit d'hégémonie sinon la satisfaction de toute la communauté. La réussite au contraire régit les relations économiques et les femmes en sont les promoteures plus actives dans les champs pour produire des vivres destinés à la consommation familiale et aujourd'hui à la vente pour gagner de l'argent. C'est depuis l'introduction de nouvelles cultures dont les produits ne sont destinés qu'à la vente que les hommes s'y sont lancés pour avoir aussi de l'argent. En général, les femmes restent en contact étroit avec les champs et les foyers.

A l'heure actuelle, les écoles sont mixtes, filles et garçons s'y inscrivent pour chercher l'instruction.

La notion de lignée qui unissait les gens dans l'Afrique traditionnelle s'est effritée avec les indépendances. Le souci d'argent a pris le dessus. L'éclatement des entités sociales était prévisible. Il faut trouver une formule nouvelle. C'est ainsi que des entités régionales ont été formées comme les *A B C* d'une union plus grande pour ne pas parler déjà d'une fédération. Parler d'unité du continent, c'est voir autre chose qu'une Unité d'Etats Indépendants qui va donner l'occasion à chaque Etat d'agir à sa guise. Des officiels et des intellectuels ont largement investi dans des réflexions et recherches pour trouver voies et moyens d'unir l'Afrique. Certains voient qu'il faut partager le continent en des ensembles administratifs et économiques à consolider avant de réaliser son unité politique effective.

On a donc la SADEC, la CEMAC, la CEDEAO, L'UMA...De ces ensembles, la plus faible, c'est la CEMAC, car cette organisation n'est constituée que de pays entièrement sous la France et l'image qui s'y dégage est celui du père français et de ses fils africains ce qui déplait fortement les anglophones ; il faudrait d'abord que ces organisations se bâtissent de l'intérieur. Qu'elles construisent suffisamment leurs infrastructures : les voies de communications, les moyens de production et des accords politiques solides entre elles. Qu'elles assurent un maximum de paix et de prospérité à leur population respective avant de penser à une fédération du continent. Sans cela, certains Etats moins avancés deviendront des parasites pour les autres. Néanmoins, il faut continuer d'y penser et d'y travailler. Il y'a déjà eu des précédents au cours de l'histoire, le cas de la Grèce avec ses comptoirs autour du bassin méditerranéen.

L'Egypte des Pharaons avait des rapports avec l'Afrique noir ; il y eut même des Pharaons noirs *(KEPHREN)*. Depuis la conquête de l'Egypte par Cambyse en -525, l'Egypte n'a cessé d'être dominé par des étrangers. Des Nègres servaient à la Cour du roi. Des royaumes comme *AXUM, MEROE, NUBIE* étaient bien connus des égyptiens qui leur faisaient appel pour lutter contre les envahisseurs Hyksos venus d'Asie. Les Egyptiens sont une mosaïque de peuples composés de Noirs et d'Arabes d'origine Orientale. La tentative de formation d'une unité politique a commencé par l'OUA.

Les préliminaires à la création de cette organisation, ce sont les crises des Etats postcoloniaux, l'adhésion aux principes des Nations-Unis et l'espoir de paix déçu qui ont contraint les gouvernements à penser à une organisation continentale. Les Nations-Unis, hier comme aujourd'hui ont été incapables de solutionner les problèmes de l'Afrique. Les décideurs africains ont envisagé une organisation continentale ayant pour acronyme l'Organisation de l'Unité Africaine (O.U.A).

Pour les temps modernes, dès les années soixante, une tentative d'unité du continent a été testée sous l'acronyme de l'Organisation de l'Unité Africaine(O.U.A) dont nous rappelons ici quelques organes depuis les fondateurs, les sommets et la charte. Pour célébrer le vingt-cinquième anniversaire de l'Organisation de l'Unité Africaine (1963-1988) : *La société Africaine de culture* et *Présence Africaine* était à Addis-Abeba, au mois de Mai 1963, lors de la naissance de l'Organisation de l'Unité Africaine. Après cette réunion historique, ils avaient publié dans la collection des Cahiers de *Présence Africaine*, un numéro spécial reproduisant les discours des chefs d'Etat africains qui ont assisté à la parturition de l'O.U.A. Ces pères fondateurs sont :

-S.M. Hailé Sélassié 1ier (Empereur d'Ethiopie), le seul pays africain qui a échappé à la colonisation.

-Ahmed Ben Bella (Algérie)

-David Dacko (République Centrafricaine)

-S.M Nwambutsa (Burundi)

-Ahmadou Ahidjo (Cameroun)

-Fulbert Youlou (Congo Brazzaville)

-Félix Houphouët Boigny (Cote d'Ivoire)

-Hubert Maga (Dahomey)

-Léon Mba (Gabon)

-Kwamé Nkrumah (Ghana)

-Sékou Touré (Guinée)

-Maurice Yaméogo (Haute Volta)

-Hassan Rida, représentant de SM. Idriss 1er

William Tubman (Liberia)

Joseph Kasavubu (Congo)

-Modibo Keita (Mali)

-Mokhtar Ould Daddah (Mauritanie)

-Hama ni Diori (Niger)

-Aboubacar Tafawa Balewa (Nigeria)

-Milton Oboté (Ouganda)

-C. Habamenwi, Ministre des affaires étrangères (Burundi)

-Léopold Sédar Senghor (Sénégal)

-Milton Margai (Sierra Leone), Abdullah Ousman Aden (Somali)

-Gamal Abdel Nasser (République Arabe Unie)

Plusieurs sommets avaient eu lieu. Il convient donc de les énumérer :

-Addis-Abeba(Ethiopie)	1963
-Le Caire (Egypte)	1964
-Accra (Ghana)	1965
-Kinshasa(Zaïre)	1967
-Alger (Algérie)	1968
-Addis Abeba (Ethiopie)	1969
-Addis- Abeba (Ethiopie)	1970
- Addis- Abeba (Ethiopie)	1971
-Rabat (Maroc)	1972
-Addis-Abeba (Ethiopie)	1973

-Mogadiscio (Somalie) 1974

-Kampala (Ouganda) 1975

-Port-Louis (Ile Maurice) 1976

-Libreville(Gabon) 1977

-Khartoum(Soudan) 1978

-Monrovia (Liberia) 1979

-Freetown (Sierra Leone) 1980

-Nairobi(Kenya) 1981

-Tripoli (Libye) 1982

-Addis Abeba (Ethiopie) 1983

-Adis Abeba (Ethiopie) 1984

-Addis-Abeba(Ethiopie) 1985

-Addis-Abeba (Ethiopie) 1986

-Addis-Abeba (Ethiopie) 1987

-Addis-Abeba (Ethiopie) 1988

Plusieurs sommets ont eu lieu, les problèmes demeurent toujours. La plupart des Chefs d'Etat restent attachés à leur souveraineté. Ils ne parlent de la fédération que du bout des lèvres. Le seul moyen de les enlever, c'est les Coups-d 'Etats. Eux aussi, s'avisant de cette situation, ils prennent les devants des situations, font arrêter des suspects qu'ils éliminent sans procès. Ce genre de prévoyance ne peut les sauver lorsqu'il est question d'une attaque venant de l'extérieur.

Dressons un répertoire des ambitions de l'O.U.A dans ses dimensions non militaires dans le domaine économique. Une bonne économie dépend du progrès social. Le plan de Lagos a prévu un marché commun africain. Depuis, l'effectivité de ce programme n'est pas atteinte : La libre circulation des biens et des personnes est aléatoire, pour peu qu'on passe la frontière de la République Centrafricaine vers le Cameroun, il faut payer la Carte de séjour et un Laissez-passer et à chaque barrière, il faut donner quelque chose quand on est étranger.

Etait aussi à l'ordre du jour, la lutte commune contre la désertification et la sécheresse, ça n'a été qu'une démagogie, le fond commun qui allait alimenter les travaux n'a pas été créé, les Etats ayant trop de problèmes financiers internes à résoudre. C'est alors que rien de ce programme ne peut s'effectuer sans partenariat avec la communauté internationale et dans des organisations internationales non-gouvernementales (Banque Mondiale, Fond Monétaire International, Banque Africaine de développement)...

En matière des droits de l'homme et des libertés, la Charte Africaine des Droits de l'Homme et des Droits des peuples a été adoptée pour demeurer Lettres mortes par la suite vu les massacres qui ont été perpétrés depuis lors.

En matière de la démocratie et de pluralisme politique, la confiscation du pouvoir par divers subterfuges par les chefs d'Etat a eu pour conséquence des putschs, des sécessions et des conflits des frontières. Les minorités ne se reconnaissent pas dans les pouvoirs en places, c'est encore là des sources de tensions subsidiaires. Dans un Etat républicain responsable faisant corps avec une armée nationale, on peut résoudre seul ce genre de problème sans intervention étrangère, le cas du Nigéria dans la rébellion du Biafra. Les chefs d'Etat sont très attachés à leur souveraineté qu'ils craignent de perdre dans une fédération qui s'ébauche déjà dans l'Unité Africaine.

Ils oublient qu'il n'y a pas de souveraineté sans une force dissuasive.

Le dernier sommet de l'O.U.A qui s'est tenu à Addis-Abeba en 1988 a signé l'acte de mort de cette Organisation pour lui substituer une autre dénommée *Union Africaine*. Nous avons déjà rappelé la Charte de cette défunte Organisation et quelques-uns de ses articles qui ont fait sa faiblesse.

Du moment où les Africains sont en conclave, les autres eux aussi en Occident étudient leurs paroles et réfléchissent aux moyens de les contrecarrer pour les prendre. Nous avons en France des centres d'études sur les autres pays dont l'Afrique en particulier. Il y a eu d'abord l'I.F.A.N (Institut Français d'Afrique Noire) installé en Afrique de l'ouest. Aujourd'hui, on a le C.N.R.S (Centre National de Recherche Stratégique), l'I.F.R.I (Institut Français de Relations Internationales)...Ces centres et instituts ont suffisamment permis la connaissance de l'homme noir afin de le subjuguer.

C'est pourquoi tous les projets ne peuvent réussir que lorsqu'il aura une force dissuasive de l'Afrique, ce qu'un pays à lui seul ne peut faire. Les censeurs de conscience qui voient dans ce projet d'Etats-Unis d'Afrique une menace sur leurs intérêts prêtent toujours attention à ce qu'il se dit et à ce qu'il se fait sur le continent. Seulement l'évolution d'un peuple se fait d'une manière autonome quand les époques et les hommes changent. De nouvelles générations de personnes qui n'ont pas connu la colonisation et qui n'auront pas peur de l'Occident du fait que les esprits seraient évolués dans d'autres contextes et que la notion d'hégémonie ne serait plus, une fois l'équilibre des forces atteinte, c'est à ce moment que les africains pourraient envisager le développement véritable du continent.

A l'heure actuelle où les Blancs ont atteint une avance considérable dans les technologies militaires et qu'ils profitent des lois internationales-non-prolifération d'armes de destruction massive, stigmatisation des Etats qualifiés de voyous et qui sont surveillés en permanence, le monopole de décisions sur les théâtres de grands problèmes- tout cela est en faveur de l'Occident. Les Etats faibles ne sont que des victimes collatérales. On ne dira pas assez. La situation ressemble à ce que René Maran décrit ici dans *Batouala* :

« Les lois de la brousse sont terribles en leur simplicité. Le ver mange les racines des herbes et des arbres ; le crapaud les vers, les larves et les mouches ; le serpent les crapauds ; la mangouste les serpents ; et l'homme pour peu qu'il ait faim, n'hésite pas à tuer son meilleur ami pour s'en repaitre. Tuer pour ne pas être tué : telle est la grande loi de la vie de la brousse. Toutes les autres lui donnent raison et la justifient. C'est pourquoi la faiblesse est le pire des crimes [1]».

C'est en vain que nous les humains, nous continuons de nous faire différents des animaux, car nous adoptons certains de leur comportements même aujourd'hui encore.

La réalité et la vérité sont là. Il n'est pas question de continuer à se fourvoir dans les illusions de la Communauté Internationale dirigée par les Grandes Puissances qui y voit l'occasion de faire passer leurs intérêts. Si un pays ne collabore pas avec ces puissances, il met en même temps en danger sa coopération avec les institutions financières internationales. Les pays africains sont comme le tissu mou d'un organe. Leur retrait est négligeable. De loin, ils sont suivis dans leur moindre programme ; pour peu qu'ils veulent aller dans le sens de l'unité, toute la machine de la division est activée pour leur faire échec. L'O.U.A est déjà aux oubliettes et aujourd'hui l'U.A qui peine encore à se réaliser.

Des 26 Chefs d'Etats qui étaient présents ce jour-là, il n'y avait aucune femme. Pour les féminines, ce pourrait être cette

---

[1]René Maran, *Batouala,* Ed. Albin Michel, Paris, 1921 p. 250.

exclusion des femmes du processus qui fut l'une des causes des échecs que cette Organisation a connus. Des conflits internes aux Etats ont emporté des Chefs d'Etats, même les plus clairvoyants. La présence des femmes aurait dû infléchir les plus intransigeants toujours manipulés par les puissances étrangères. Eu égard au principe de parité homme/femme et vu les échecs subis par cette organisation, les femmes sont en mesure d'accuser les hommes :

« C'est parce que les hommes ne nous ont pas associées à ce projet d'union qu'ils ont fait échec ». En parcourant les écrits féministes, on remarque la capacité des femmes à prendre position sur les théâtres de tous les problèmes. Il faut désormais compter avec elles, leurs contributions pourraient se révéler efficace d'où le recourt aux ressources du féminisme. Ces présidents étaient tous des hommes, les 26 Présidents qui s'étaient réunis en Mai 1963 à la fondation de l'O.U.A. A cette époque, il paraissait inadmissible de faire participer les femmes à la vie politique qu'on considérait comme un domaine exclusivement réservé aux hommes. Le dernier sommet de l'O.U.A s'était tenu au siège en 1988 et s'est éteint en même temps pour laisser la place à son dauphin l'Unité Africaine (l'U.A). Ces deux Organisations avaient un objectif commun, celui d'unir le continent dans une même entité politique et économique.

Des initiatives honorables en faveur de l'unité mais contrariées ont été prises.

En Afrique Occidentale, Houphouët Boigny de Côte d'Ivoire forma l'Assemblée Démocratique Africaine et après les indépendances de 1960 pour la plupart des pays africains, une Organisation continentale l'OUA, fut créé en 1963. Cette organisation avait pour mission d'aider les autre pays encore sous la colonisation à accéder à l'indépendance, elle devait aussi arbitrer les problèmes entre Etats membres sans ingérence dans leurs problèmes internes. Le dernier pays à accéder à l'indépendance, c'est la *Namibie* en 1988 pendant ce temps, les Sarawi sont encore sous la domination marocaine et les indépendances octroyées aux africains paraissaient dérisoires car les tensions perduraient et un début de solutions ne pointait à l'horizon.

Il y'avait besoin d'une nouvelle, organisation plus efficiente, l'Unité Africaine a été créé sur le modèle de l'union Européenne. Cette Union était considérée comme la voie d'accès à la fédération. Mais, l'Afrique, une mosaïque d'ethnies ayant une histoire conflictuelle et aggravée encore par la colonisation peut-elle vraiment réaliser une fédération digne de ce nom pour résister et survivre aux velléités sécessionnistes qui animent les gens en pareil cas ? L'union africaine, va-t-elle réussir là où son ancêtre l'OUA a échoué ?

Certainement, les Africains ont beaucoup d'atouts pour réussir une fédération. Ils ont vécu la colonisation et l'esclavage et sont animés par l'esprit de prendre une Revenge. Pour le faire, diversité ne s'oppose pas à l'unité, les peuples africains ont beaucoup de points communs dans leurs diversités. Tout d'abord, l'Afrique est un continent aux contours bien dessinés naturellement. Est donc africain, une personne qui habite dans ce périmètre. Le problème africain est bien différent de celui de l'Europe qui peine à trouver ses limites. Et si d'ailleurs des personnalités d'autres continents tiennent des discours qui s'orientent dans le sens du dépassement de soi pour atteindre l'unité, les africains eux-mêmes ne peuvent que leur emboiter les pas.

Rappelons le discours de Sarkozy à l'Université de Dakar le 26 Juillet 2007 :

« Je suis venu vous parler avec la franchise et la sincérité que l'on doit à des amis que l'on aime et que l'on respecte. Je veux, ce soir m'adresser à tous les africains qui sont si différents les uns des autres, qui n'ont pas la même langue, qui n'ont pas la même religion, qui n'ont pas les mêmes coutumes, qui n'ont pas la même culture, qui n'ont pas la même histoire et qui pourtant se reconnaissent les uns les autres comme des africains. Là, réside le premier mystère de l'Afrique ».

Sarkozi dit que l'unité africaine est un mystère. Il a donc vu dans cette mosaïque de peuples africains des points de divergences extraordinaires qui pour lui ne peuvent tenir que d'un mystère quant à l'Afrique de s'unir, car ce genre de marasme de peuples aussi différents parait improbable sous d'autres cieux. Pour l'Afrique, l'histoire a déjà fait le gros du travail. Les gens n'ont qu'à s'entendre maintenant pour achever l'œuvre déjà entreprise. Il compare ainsi les Africains aux européens dont les histoires très conflictuelles les empêchent de se fédérer. Ce miracle va se réaliser pour l'Afrique à cause de son homogénéité et de son histoire. Pour répondre à Sarkozi, prenons ce poème suivant :

The quarrel

By

Eléonore Farjeon

English	*Version française*
I quarreled with my brother,	J'ai querellé avec mon frère
I don't know what about,	Je ne sais pourquoi au juste
One thing lead to another	Une chose mène à une autre
And somehow we fell out	Et tant bien que mal, on s'en mêle
The star of it is slight,	Il est Léger
The end of it was strong	Sa fin est grave
He says he was right	Il dit qu'il a raison
I knew he was wrong!	Je savais qu'il a tort!
We hated one another.	On se hait
The afternoon turned back,	Le soir vint
Then suddenly my brother	Soudain, mon frère
Thumped me on the back	Me tapote au dos
And said, oh, come along!	Et me dit, "Oh, viens!
We can't go on all night.	On ne peut continuer toute la nuit.
I was in the wrong".	J'avais tort
So he is in the right.	Et il a raison

Ce poème traduit bien l'idéal qu'il faut aux membres d'un groupe de personnes ou d'Etats pour se supporter et vivre ensemble. Il n'y a donc pas d'antagonisme insurmontable entre les Africains comme chez les Sunnites et les Shiites arabes du Moyen Orient qui fait leur faiblesse devant l'Occident alors qu'ils allaient être très puissants avec les « les Pétrodollars qu'ils disposent ».Il faut donc savoir se faire fautif pour sauver la paix. La puissance économique sans une force militaire importante et dissuasive ne garantit pas la sécurité, ce qu'un pays seul ne peut réussir à le faire.

Voilà que des idéologies religieuses opposées les ont affaiblis par des conflits internes au monde arabe. C'est marrant de voir des avions saoudiens voler au côté des avions américains pour aller bombarder des OTI musulmans du Yémen. La volonté de coopération entre les Noirs était réelle dans le passé. Au siècle présent ou le monde est soumis à toutes sortes de dangers, le besoin d'unité est pressant, dans ces conditions, les leaders africains doivent se rendre à l'évidence que nos faibles petits Etats ne peuvent nous être d'aucun secours. Et les grandes puissances non plus ne respectent pas les Droits de l'homme.

Les situations qui ont sévi en Irak et qui ont abouti à la mort de SADAM HUSSEIN et celle de la Lybie sont des précédents dangereux pour l'avenir. La communauté Internationale n'est qu'une illusion. Après la deuxième guerre mondiale, des organisations internationales ont été créées pour présider aux problèmes internationaux qui créent des conflits entre les peuples. Ces dernières années, il s'est avéré que les problèmes internationaux ne peuvent être gérés que selon la volonté des grandes puissances qui fonctionnent au gré de leur logique interne ; si ces lois internationales sont à l'encontre de leurs intérêts, ils ne les appliquent pas, c'est ainsi qu'on parle de deux *poids, deux mesures*. Citons ici un célèbre officiel américain :

« Le nœud du problème de l'ordre public dans la communauté internationale est la non application des lois. Sans application, ces lois sont inutiles ». C'est donc bien ce qui se passe à l'ONU.

A ce niveau, on note que les lois internationales ne sont pas contraignantes. Ce sont les lois du plus fort. Qui a autorisé Georges BUSH junior à intervenir en Irak ? Et pourquoi beaucoup de pays l'ont rallié dans cette aventure ? C'est par respect du principe américain qui dit *« Qui n'est pas avec nous est contre nous ».*

Dans cette perspective, les gens s'alignent facilement derrières les Etats Unis d'Amérique avec l'espoir de bénéficier de certains avantages économiques et financiers des USA, devenus depuis la seconde guerre mondiale l' hyper puissance militaire de toujours. Après s'être rallié les puissances occidentales dans l'OTAN, être dans le camp opposé est dérisoire. Il n'y a que les cinq puissances qui ont le Droit de Véto à l'ONU qui comptent dans cette arène où les petits pays ont peu de place, l'éthique internationale sur laquelle les relations internationales sont construites n'est que des artifices qui peuvent s'effondrer en tout moment.

Depuis la dislocation de l'URSS en 1989, le monde est déséquilibré et se trouve à la merci d'une seule puissance, les USA. Les Etat ont vu mieux de former des alliances régionales, les Etats européens, en dépit de leur histoire marquée par de terribles conflits sont obligés de s'unir, d'avoir une seule monnaie, de mettre au point une gestion économique commune pour gravir l'échelle de la puissance.

Dans *Cinq semaines en ballon*, Jules Verne donne la parole au Dr Fergusson s'adressant à une foule réunie dans le Stade Royal de Londres :

« *L'Angleterre a toujours marché à la tête des Nations. Car les Nations marchent les unes a la tête des autres universellement*[2] »,

Les mots du Dr Fergusson résument bien la marche des nations, les unes par rapport aux autres. Dans cette compétition, il n'y pas de place pour les faibles. Se disant, l'on voit bien que la Corée du Nord qui vient de faire son entrée dans le club fermé des puissances thermonucléaires sera respectée au delà des mots dont on la condamne.

---

[2] Jules Vernes, *Cinq semaines en ballon*, P. 5

La bible peint sous les traits des bêtes différentes ces puissances politiques qui ont joué de grands rôles dans les affaires de la terre. Des hommes ont observé les caractères de certains animaux pour ensuite les appliquer aux humains, aux organisations et aux gouvernements. La Bible aussi fait usage de ces symboles pour illustrer ces situations de succession de puissances politiques et militaires de renommée mondiale qui utilisent des animaux pour représenter leur pouvoir.

Se faisant, la couronne du Pharaon d'Egypte est surmontée d'un serpent, les Médo-Perses ont pour symbole une aigle.

A l'heure actuelle, pour les USA, c'est l'aigle chauve ; la Chine, c'est le dragon ; la France, c'est le coq... Alors, les puissances mondiales se sont succédé selon l'ordre suivant : Égypte, Assyrie, Médo-Perse, Rome et aujourd'hui, c'est les Anglo-américains qui dominent le monde[4]. Les USA et leur fidèle allié, le Royaume-Uni, dominent effectivement le monde par leur technologie et leur langue ; l'anglais est la langue de sciences et des affaires ; aux Nation-Unis rien ne peut se faire sans l'aval de ces deux puissances.

Finalement les Nations-Unies (UN), sont vues aujourd'hui comme un forum de complots de Grandes Puissances contre les petits pays et encore, les cinq membres permanents ayant Droit de Véto ne sont que des Etats blancs. Ce sont eux qui ont le

Droit de prendre des décisions les plus importantes. Ils peuvent contourner l'ONU et agir sans son aval comme ils l'on fait en Lybie et bientôt ailleurs. Aucune organisation aussi importante soit-elle ne peut sauver l'Afrique. Les problèmes se posent et se résolvent en termes de force et non d'idylle ; il ne suffit pas de parler seulement pour s'attirer quelques sentiments que ce soit. Le monde n'a d'égards qu'aux langages de la force.

« Les Africaines doivent savoir que les grandes puissances ne respectent les lois internationales que lorsqu'elles ne s'opposent pas à leurs intérêts ».

Dans les temps bibliques, le Dieu du ciel a donnée à son prophète Daniel une vision du monde politique non seulement du passé mais aussi des temps actuels et montré comment les luttes pour la domination des uns sur les autres vont finir.

Prenons le livre prophétique de Daniel :

«Voyez, s'exclame Daniel, les quatre vents des cieux soulevaient la mer immense. Et quatre bêtes énormes montaient de la mer, chacune étant différente des autres. Quelles bêtes surprenantes. La première est un lion ailé, et le deuxième est semblable à un Ours puis vient un Léopard à quatre ailes et quatre têtes. La quatrième bête extraordinairement forte, a de grandes dents de fer et dix cornes. Au milieu de ces dix cornes s'élève une petite corne, qui a des yeux comme des yeux d'homme et une bouche qui profère de grandes choses[3] ».

---

[3] Bible, livre de Daniel, chapitre 7 : 2

Cette prophétie se décrypte de la manière suivante : la première bête, le lion ailé, préfigurait Babylone à partir de 607 avant notre ère ; la deuxième, l'Ours, la puissance Médo-Perse, à partir de 539 avant notre ère ; la troisième, le léopard ailé, c'est la Grèce à partir de 331 avant notre ère ; la dernière bête extraordinairement forte avec des dents de fer, c'est Rome à partir de l'an 30 avant notre ère. Ces puissances se sont succédé et ont marqué l'histoire politique et miltaire de la terre.

Selon cette vision de Daniel, nous sommes portés à croire que les affaires humaines n'échappent pas à Dieu du moins pour ceux qui croient à son existence et que toute chose finira par la domination de son Royaume. Ces visions d'animaux représentent des systèmes politiques et de leurs animateurs dont les actions se suivent encore aujourd'hui. Avant cela, les différents groupes d'humains sur la terre vont marcher les uns à la tête des autres. Dans cette situation, la survie de l'Afrique ne réside que dans une Fédération. L'exemple des Etats-Unis d'Amérique qui marchent à la tête des autres Etats est significatif à plus d'un titre. La fédération de Russie contrebalance les U.S.A. ; l'Inde et la Chine, ces pays ne sont que gigantesques par leur taille et leurs populations.

Les anciens pays colonisateurs qui devaient en réalité être les maîtres du monde sont en recule devant ces géants. Ils trouvent leur compte dans des organisations comme l'O.T.A.N

(Organisation du Traité de l'Atlantique Nord), une Organisation militaire autour des U.S.A. dont on dit être la première puissance du monde. S'il arrivait que le géant américain se retire de l'O.TA.N, cette Organisation ne tiendra pas avec les deux autres puissances restant, France et le Royaume-Uni devant les autres puissances neuves émergentes. L'Afrique n'échappe pas à la règle selon laquelle, il n'y a de force que dans l'unité. Il n'y a que cette voie qui évitera à l'Afrique de devenir le marchepied des autres continents. Présentons ce continent dans son importance en espace et en hommes et faisons-en un peu d'histoire. Et récemment, à la naissance du marché commun africain au Rwanda le 22 Mars 2018, le monde a grincé les dents. Ils y voient un redoutable concurrent qui risque de changer la donne commerciale toujours dominée par les pays du nord. C'est un marché d'un milliard de consommateurs bien plus que le marché européen. Un bref aperçu de ce continent nous permettrait de nous situer.

Le nom Afrique vient de « Afri », nom donné aux Tunisiens par les écrivains latins. Par la suite, ce nom s'est étendu à tout le continent bien qu'habiter par des Noirs et des Arabes, venus de l'Orient, les Noirs occupent le continent au ¾ au sud du Sahara

« L'Afrique fait partie d'un monde que les Américains et les Européens ne peuvent plus se permettre d'ignorer. Il devient de plus en plus évident que pour comprendre le présent, il faut comprendre quelque chose de

l'environnement écologique de ce qu'on appel Afrique «Traditionnelle » ; connaitre son histoire, celle de la période coloniale et les événements marquants des mouvements d'indépendance dont le succès donna naissance à plusieurs Nation[24] ».

L'aspect le plus imposant de l'Afrique, c'est sa dimension, sa diversité culturelle et géographique. Pour avoir une idée de son immensité, situons quelques villes et voyons leur distance de séparation : 8000km de Tanger au Maroc au Cap en Afrique du Sud ; 7000km de Dakar au Cap Gardafui ; 10% de sa superficie seulement émerge à 100m au-dessus de la mer, le reste culmine au-delà. Le continent s'est élevé ou s'est affaissé à diverses époques de son histoire géologique. L'Afrique et le Moyen-Orient ont la même structure géologique. De l'Anatolie en passant par la Turquie du Nord s'étend la vallée du Jourdain et la Mer Morte.

C'est un continent moins exposé aux accidents géologiques : Tremblement de terre, Volcans, Cyclones, Tsunami...à cause de son socle très dur. En matière d'hydrographie, on y trouve des lacs et des fleuves très importants. Nil, Niger, Congo, Oubangui, Lac Tchad et les Grands Lacs d'Afrique orientale. Une photo Satellite montre que l'Afrique centrale est plus arrosée que tout le reste du continent. Notre but cependant est de montrer son importance et le rôle qui l'attend sur les scènes internationales si à l' avenir elle comblait son retard sur le plan social, politique, scientifique et technique. Tout cela est centré sur l'Education.

Vu la diversité du monde africain, faisons la part des choses pour tenter de voir la possibilité de son unité et celle des peuples par-delà leurs différences. La notion de race n'est pas une catégorie précise démontrable scientifiquement vu les métissages qui ont eu lieu sur le continent. Les Noirs eux-mêmes ne sont pas aussi noirs comme on peut le dire sinon ils ont la primauté écrasante numériquement sur les Jaunes venus d'Asie et les Blancs d'origine européenne. Il est classé dans cette race noire des Sémites (peau brune) de l'ancienne Nubie et d'Ethiopie (descendants de Salomon, roi d'Israël et de la reine Makeda, reine d'Ethiopie) ; en effet l'Afrique est un continent nègre par excellence. Il y a cependant une Afrique, un continent à la recherche de son unité politique et culturelle.

Malgré cette diversité, leur histoire commune les a préparés à l'unité. Les africains ont subi l'esclavage et la traite. L'esprit de Revenge les anime tous. Une idéologie forte de type Djouché de la Corée du Nord et un meneur comme Kim il Sung peut les rallier facilement.

Un rappel de la période coloniale pourrait nous être nécessaire. Sur ce point, il n'est pas question de brosser toute le période coloniale. Nous voulons seulement rappeler les événements qui ont été à l' origine de la partition de l'Afrique et qui maintenant opposent les uns aux autres. Avant même l'Occident, l'Afrique n'était pas unie. Elle était des principautés centralisées autour d'un patriarche qui faisait figure de roi et les africains étaient très opposés les uns aux autres. La traite a aggravé la situation. Au commencement, des explorateurs occidentaux entrèrent en Afrique avec la bénédiction de leur gouvernement respectif. Ils ont donc fait la description du continent, dressé des cartes et vanté ses richesses naturelles innombrables.

Cette approche a suscité des intérêts en Europe. En 1885, sous l'instruction de Bismarck, Chancelier Allemand, les puissances occidentales se sont réunies à Berlin pour débattre de la partition de l'Afrique en zones d'influence respectives. Ils ont agi sans le consentement des peuple autochtones encore inculte et n'ayant aucune vision des enjeux géopolitiques en question. D'autre part, les chefs africains étaient subjugués par les produits européens dont les armes à feu que pour en entrer en possession, il faut livrer des esclaves. Des chefs africains étaient complices de la traite.

Malgré cette Balkanisation, il n'y a qu'une seule Afrique. La colonisation n'a été qu'un mal nécessaire. Cela a permis l'intégration de l'Afrique dans le monde civilisé tel que cela se conçoit aujourd'hui. Les européens ont fait la promotion de leurs langues et les ont vulgarisées, ce qui permet aux africains aujourd'hui de communiquer avec les autres peuples, de faire des études et de pratiquer les sciences et les techniques.

A l'heure actuelle, les Africains doivent de s'unir, l'époque coloniale étant passée. Elle a consisté à regrouper des peuples tout en les divisant de part et d'autre de la même ligne de partage sans tenir compte de leurs filiations, ce qui a été un mal. Il n'y a qu'une fédération qui peut résoudre ce problème. Beaucoup d'Africains voient dans cette diversité issue de la colonisation un « Pluralisme Cohérent » ; Houphouët Boigny, voyant les liens qui unissent les sociétés africaines a écrit :

« Depuis les archevêques africains jusqu'au plus insignifiant catholique, depuis le grande marabout jusqu'au plus insignifiant musulman, depuis le pasteur jusqu'au plus petite protestant, nous avons tous eu, nous, un passé animistes[4] »,

Les mouvements des peuples africains les uns vers les autres, et vers le moyen Orient étaient déjà effectifs dès la haute antiquité ; les Noirs du sud et les Arabes du Nord avaient des relations commerciales étroites :

« Avant l'ère chrétienne, les échanges entre le Nord et le Sud s'effectuait à travers le SAHARA encore humide par des caravanes de chameaux ; Au moins, treize sites de peintures rupestres ont permis de survivre les traces de ces convois depuis le MAGREB à l'Ouest jusqu'au Nord-Est à la bouche du Niger dans L'Aoukar où la ville de GHANA a été fondée au 11e Siècle près de Combis salé situé entre les villes mauritaniennes de Nyama et Nyeri ».

---

[4]Daniel Etounga Manguel, *l'Afrique a-t-elle besoin d'un programme d'ajustement culturel* ? Ed. Nouvelles du Sud, Paris, 1991, P. 28.

La volonté des Africains de se mouvoir d'un point à l'autre du continent était donc manifeste dans le passé. Ces dernières années cette volonté s'est encore renforcée dans un monde plein d'insécurités comme nous le laissent entendre ces quelques témoignages d'historiens sur les peuples africains.

HERODOTE (-480-425) *: « les Colchidiens sont de race égyptienne, mais certains égyptiens m'ont dit qu'à leur avis, les Colchidiens descendent des soldats de Sésostris et ils sont noirs de peau ».*

DIODORE de Cécile (- 64-14) : *« Les éthiopiens disent que les égyptiens sont l'une de leurs colonies qui a été amenée en Egypte par OSIRIS ».*

AMIEN Marcelin (+330+400) « ... *La plupart des égyptiens sont des Noirs* ».

De nombreux hommes se sont installés au bord du Nil pour cultiver ses terres fertiles.

Environ 3 000 av. J-C, ils ont fondé un royaume dont les premiers rois devaient être des Noirs du Haut Nil. Ce royaume a atteint son apogée vers l'an 2000, pour commencer à décliner vers l'an 800 afin de se laisser envahir par les Perses, les Grecs et enfin les Romains. Cette ancienne Egypte a connu une grande civilisation : en matière de sciences, elle a inventé la géométrie et la médecine c'est en matière de la religion que les égyptiens polythéistes étaient diamétralement opposés aux hébreux monothéistes ; dans les arts, les Egyptiens ont réalisé de grandes œuvres : les sculptures des temples et les pyramide qui ont résisté aux intempéries pour survivre jusqu'à aujourd'hui quatre mille ans après. Les Noirs ont fait leur part dans ces réalisations. Nous évitons de nous perdre dans les débats de race souvent stériles.

Et l'époque coloniale arriva. Les Européens : Français, Anglais, Allemand, Espagnols et Portugais se sont partagés le continent en zones d'influence et d'exploitations économiques, ils ont en même temps imposé leurs langues et leurs cultures aux peuples colonisés C'est cette langue déjà élaborée qui a permis notre intégration dans l'universel, surtout nous, les Noirs du sud du Sahara. Quand ils ont tracé les lignes de partage, ils n'ont pas tenu compte des filiations de sorte que les mêmes groupes linguistiques se retrouvent de part et d'autre de la même frontière. Cependant, un débit sur la colonisation est caduc. L'avenir ne dépend pas de ces plaintes, le problème maintenant est celui de la flexibilité des Africains à accepter les changements et à s'adapter à l'évolution du monde :

« Dieu ne change pas une société quand ceux qui la composent ne changent pas eux-mêmes ». Une politique à courte vue fondée sur des intérêts égoïstes est toujours vouée à l'échec. Les visions expansionnistes de Deby sur la

Centrafrique, l'Ouganda et le Rwanda, sur l'Est du Congo Démocratique sont des comportements déstabilisants qui ne servent pas l'option d'unité. Les Africains doivent créer des conditions qui rapprochent les peuples que celles qui les divisent, l'Afrique étant une hyper puissance qui ne dit son nom. Néanmoins, l'Afrique s'impose comme n énorme continent avec lequel il faut compter. Il couvre un espace de 30 500 000 km2. Elle a atteint une population d'un milliard d'habitants en 2009.

En matière de grandeur, dans l'hémisphère nord, c'est les U.S.A qui par leur taille, leurs technologies et leur niveau de développement parrainent les affaires internationales. L'Afrique vaut trois fois les États-Unis d'Amérique[10] (Voir carte). La taille d'un Pays et sa population sont les facteurs déterminants pour une politique internationale efficace. En 336, en Grèce, quad le sage Aristote, précepteur du jeune Alexandre, fils de Philippe de Macédoine, conseilla à ce dernier de mener une politique limitée à la Cité-Etat de Grèce, le jeune stratège a vu plus grand. Il rêvait d'un empire qui doit aller de la Macédoine à l vallée de l'Indus aux Indes. Il l'a fait et érigé la Grèce au rang de puissance mondiale.

A leur actuelle, jetons un coup d'œil sur les pays qui prétendent au rang de puissance mondiales ou qui jouent déjà ce rôle. Les USA et la Russie qui a hérité de la puissance de l'URSS, la Chine et l'Inde et en Afrique, le Nigeria qui vient de battre l'Afrique du Sud au plan économique. Tous ces pays ont de grandes superficie et de nombreuses populations.

« La population d'un état, sa croissance, sa répartition et ses caractéristiques raciales jouent de rôles déterminants en politique internationale[11] ».

La population mondiale actuelle avoisine les 8 milliards de personnes Il se pose déjà un problème *d'espaces-vital.* Qu'en sera-t-il en 2050 ? Lorsque la population mondiale va tripler et qu'il va se poser ce problème d'espace-vital. L'Afrique, ce vaste continent peu peuplé et resté au stade primaire du développement industriel n'échappera pas à la convoitise des grandes-puissance si elle reste dans sa situation actuelle. La conférence de Berlin de 1880 qui a vu la partition de l'Afrique risque de se répéter. L'Afrique doit prévoir cet avenir si sombre et l'un des moyens de le faire, 'est de s'unir, pas seulement en une communauté d'Etats Indépendants, mais ne réelle fédération.

Un proverbe de chez nous dit *« Un seul doigt ne peu ôter un pou des Cheveux »,* en d'autres termes, la solitude n'est d'aucun secours c'est un facteur de faiblesse alors qu'il y'a de la force dans l'unité : lire l'histoire des trois vaches et le lion dans le passage suivant :

THREE BULLOCKS AND A LION

A lion had been watching three bullocks feeding in an open field. He had tried to attack them several times but they had kept together and helped each one to drive him off. The lion had little hope of eating them, for he had no match for three strong bullocks with their sharp horns and hoofs. But he could not keep away from that field, for it is hard to resist watching a good meal, even when there is little chance of getting it. Then one day, the bullocks had a quarrel and when the hungry lion came to look at them and lick his chops as he was accustomed to do, he found them in separate corners of the field as far away from one another as they could get. It was an easy matter for the lion to attach them one at a time and this he proceeded to do with the greatest satisfaction and relish".

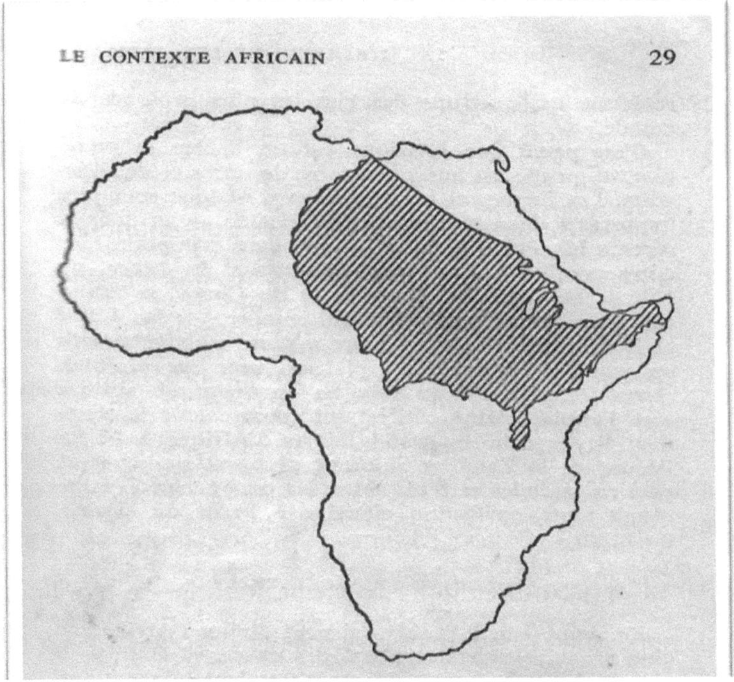

Les cartes de l'Afrique et des Etats-Unis en superposition pour rendre apparente la grandeur de ce continent africain.

Observez cette carte d'Afrique et celle des Etats-Unis en superposition. Voyez que les Etats-Unis ne font que le tiers de l'Afrique. Comment ont-ils fait pour se hisser au rang de la première puissance mondiale ? Ce fut d'abord des européens qui ont fui

Voyez les USA dans l'Afrique, ils ne que son tiers et ce eux qui marchent à la tête des nations aujourd'hui. Fuyant les dictatures des rois et des seigneurs en Europe, beaucoup ont quitté pour aller chercher des opportunités nouvelles ailleurs. Ils ont trouvé au-delà des mers des terres neuves.

La nature leur a offert terre, eau et soleil en abondance. Il leur fallait maintenant organiser l'exploitation de ces richesses et de les transformer. Tout cela encadré par des gestionnaires honnêtes, car ils ne voulaient pas reproduire le modèle européen plein d'injustice et d'avidité qu'ils ont condamné et fui. Ils ont aussi pratiqué la politique d'ouverture du nouveau continent aux autres. Se faisant, ils ont drainé vers eux tous les meilleurs cerveaux et différents talents qui ont fait de ce continent la première puissance économique et militaire du monde. La bonne gouvernance est attractive.

L'anecdote du lion et des trois vaches que nous allons voir est significative à plus d'un titre pour une Afrique en quête de la puissance.

THREE BULLOCKS AND A LION

A lion had been watching three bullocks feeding in an open field. He had tried to attack them several times, but they had kept togather, and help each other to drive him off. The Lion had little hope of eating them, for he was no match for three Bullocks with their sharp horns and hoofs. But he could not keep away from that field, for it is hard to resist watching a good meal, even there is little chance of getting it.

Then, one day the Bullocks had a quarrel, and when the hungry Lion came to see them and lick his chops as he was accustomed to do, he found them in separate corners of the field, as far away from one another as they could do.

It was now an easy matter for the Lion to attack them one at a time, and he proceeded to do with the greatest satisfaction and relish.

In unity is strenght[5]

---

[5] The Esope for children, Ed. CADMUS BOOKS, p. 68

Ce qui importe dans cette affaire de la politique de la puissance, c'est d'abord les dons de la nature, ensuite l'élément humain, car dans la multitude il y a réalisation. Cela dépend de la qualité des hommes et de la stabilité sociopolitique sans laquelle rien ne peut se faire.

Version française de l'histoire des trois vaches

« Un lion observait trois vaches qui broutaient dans un pâturage. Il tenta de les attaquer par trois fois mais elles se mirent ensemble et le repoussèrent. Le lion avait peu de chance de les dévorer, car il ne pouvait tenir devant trois braves vaches aux cornes et sabots pointus. Cependant, il ne pouvait s'éloigner de ce champ parce que c'était difficile de voir une nourriture si alléchante et de s'y écarter.

Un jour, les vaches se querellèrent et quand l'affamé lion vint les voir pour lécher ses babines comme d'habitude, il les trouva séparer chacune dans un coin du champ aussi éloigné l'une de l'autre. Elles sont devenues une proie facile, et le lion peut maintenant les attaquer l'une après l'autre à différents moments, ce qu'il se met à faire avec entrain et avec la plus grande satisfaction ».

Dans l'unité, il y a de la force

L'Afrique est réellement un continent très riche, mais la plus part les Africains ne profitent pas de ces richesses. Peut-être, c'est à cause de ce qu'ils n'ont pas l'intelligence nécessaire pour promouvoir ces richesses ou qu'ils veulent le faire mais qu'ils subissent des pressions extérieures qui s'opposent à l'évolution du continent dont on considère des parties comme leur Chasse-gardée[(12)]. En effet, personne ne doit hausser la tête sinon sa témérité est sévèrement réprimandée. En exemple, le Koweit faisait partie de l'Irak avant la tracée des frontières des époques coloniales, quand Saddam avait réclamé légalement ce territoire, il s'est attiré la foudre des USA sur lui parce qu'ils ont beaucoup investi dans le pétrole koweitien.

Les Centrafricains ne peuvent exploiter leur sous-sol ; l'épée de Damoclès est sur leurs têtes, le président Patassé a essayé avec la chine, il s'est soulevé des rebellions contre lui jusqu'à sa chute. Dans ces conditions, les pauvres deviennent de plus en plus pauvres et les riches de plus en plus riches bien que leur pays soit riche. Les gens sont donc aculés dans de conflits sanglants. Ils n'y a qu'une fédération qui peut mettre fin à cette effusion de sang. Chaka, un Roi sud-africain, aussi appelé le Napoléon de l'Afrique avait déjà cette vision de l'unité africaine.

<u>*Dans la mort de Chaka*</u>, *Seydou Badian* présente ce roi comme un champion de l'unité africaine vu les succès de ses conquêtes et l'immensité de son empire. Il a soumis les peuples environnants à son idéologie de rassemblement qui en réalité est un atout de puissance.

Revenons aux précurseurs de l'Unité Africaine.

- Barthélémy Boganda
- Léopold Cedar Senghor
- Kwamé Nkrumah

Pour Boganda, Président de la République Centrafricaine au sortir des indépendances, « *A temps nouveaux, hommes nouveaux* ». Cette loi cadre fut une loi selon laquelle la métropole France devait avec ses colonies former une grande France avec pour capitale Paris et avec la possibilité donnée aux ressortissants de ces colonies d'avoir la nationalité française pour être éligible à de hautes fonctions politiques en France même. Ce projet n'a pas réussi.

Alors,la loi cadre étant dépassée, Boganda, lui a substitué le M.E.S.A.N qui devait dépasser le cadre de l'Oubangui et s'étendre à toute l'Afrique noire. Il y voyait une manipulation de la métropole pour empêcher toute velléité d'autonomie et d'accès à l'indépendance. Il a été incompris par ses pairs de l'A.E.F. comme il le dit lui-même, « *Que la Loi-cadre étant dépassé, le M. E. S. A. N. réclame pour l'Oubangui et pour l'Afrique noire le droit des peuples à disposer d'eux-mêmes et l'indépendance totale dans l'interdépendance volontaire et librement consentie dont nous aurons à étudier les modalités*[6] ».

Cette Loi-cadre prévoyait le ralliement des colonies françaises d'Afrique et d'ailleurs (A.E.F. et A.O.F) et d'Asie à la métropole France pour former une grande France des Etats sans races et ayant la langue française en partage.

Ce projet était destiné à empêcher les Etats de la communauté à penser à la souveraineté, moins encore à l'indépendance.

Le racisme a été à l'origine de l'échec de ce projet. Pour certaines autorités françaises, cette Loi-cadre est une brèche ouverte aux nègres, les esclaves d'hier d'accéder un jour à la

---

[6]Boganda Barthélémy, *Motion présentée par le groupe M.E.S.A.N et votée à l'unanimité le 13 Juillet 1958*

magistrature suprême en France-même, ce qui est impensable pour l'honneur et la dignité du peuple français. Ce refus d'un sang nouveau dans leur sphère fut en partie une cause de faiblesse par rapport aux U.S.A qui ont ouvert leur porte à toutes les races et qui ont bénéficié de plusieurs cultures pour s'ériger en puissance mondiale. L'Afrique présente les mêmes potentialités.

Bo ganda souligne l'importance d'une indépendance totale tout comme Nkrumah. Sans cette indépendance véritable pour tous les Etats, l'épée de Damoclès va toujours menacer les traitres de rallier le projet de la fédération comme il en est aujourd'hui encore.

Quant à L.S. Senghor, son idéologie de *métis culturel* peut être étudiée pour un œcuménisme culturel et politique pour les peuples africains dans un système fédéral. On peut bien vivre sa différence dans un système global comme les membres d'un corps dont les diverses fonctions assurent la vie du corps en question.

La détraction de l'homme noir ne date pas d'aujourd'hui. Déjà au XVIIe, Fénelon, Ministre des colonies en France écrivait ce qui suit au sujet de l'instruction des nègres :

« Pour ma part, je ne veux pas donner l'instruction à mes nègres, car l'instruction entre leur mains est une arme dangereuse pouvant les conduire à un certain raisonnement et leur permettre de découvrir les injustices que nous commettons à leur égard [7]».

Cela pourrait conduire à des réclamations pour finir dans la violence. Fénelon a bien vu cela. Les Empires naissent, évoluent et meurent. Celui d'Alexandre a sombré tout comme pour bien d'autres avant lui. Les Empires coloniaux n'ont pas échappé à cette loi de l'histoire. Seulement nous 'allons pas continuer de gémir du mal subi qui s'en est allé depuis.

Si aujourd'hui, nous n'avons rien à donner à nos enfants à manger, alors qu'on a des terres, le soleil et les eaux partout, ce n'est pas toujours la faute de la colonisation. C'est parce que nous n'avons su intégrer intelligemment le nouveau système. S'il y a des massacres, c'est à cause de notre avidité et de notre mauvaise vision du pouvoir. Nous prêtons toujours le flanc à l'adversaire par nos mésententes et notre manque de confiance entre nous. Une fois que nous saurons qu'il n'y a qu'une unité véritable malgré nos querelles qui puisse nous sauver et que l'orgueil de souveraineté qui cloisonne les gens est suicidaire, ce sera un pas en plus sur l'itinéraire de la puissance, de la paix et de la prospérité.

Bo ganda dit qu'à temps nouveaux, hommes nouveaux. Quel genre de personnes nous devons être, pour tenter de faire

---

[7] Discours du Président Boganda, relatif à la fonction publique, prononcé devant l'Assemblée Territoriale de l'Oubangui-Chari, le 5 Octobre 1957

réussir nos ambitions. Comme il s'agit de l'éducation et de la formation, ce sont les sciences sociales et la littérature qui nous intéressent maintenant et l'exemple de la Corée du nord peut nous être d'un grand profit. Nous avons dit que les littératures fonctionnent comme des cellules souches et que les hommes des Lettres comme les hommes des sciences puissent y puiser à volonté pour s'exprimer sur tous les sujets relatifs à la vie des hommes. Ainsi, avoir une idée précise des impératifs de l'heure, les exprimer avec clarté afin d'inspirer des actions de progrès dans un domaine bien repéré, c'est l'œuvre des écrivains.

Le problème de la fédération africaine autour duquel tournent les politiques depuis des décennies est un problème purement humain, qui implique des réflexions profondes. La littérature étant une science de l'homme, on la sollicite toujours pour le décrire dans son existence, ses relations et les objectifs qu'il se fixe dans son travail. Récemment, le gouvernement centrafricain a délégué une mission en Corée du Sud pour s'enquérir des expériences qui leur ont permis de se relever de la guerre de 1953 qui a débouché sur la partition de la péninsule coréenne ; en réponse, ils ont mis l'accent sur l'éducation.

Ainsi, pour exploiter le dicton « *A temps nouveaux, hommes nouveaux*[8] », nous allons nous référer à l'éducation. La Corée du Sud a institué l'idéologie du Djouché qui a inspiré aux coréens

---

[8] Discours de Boganda, Op. cit p. 131

une nouvelle vision du nationalisme, de la dignité, de la prospérité qu'on ne peut atteindre que par le travail acharné. Nous aurons à développer certains caractères dans nos comportements. L'abnégation, l'humilité, l'idée de finir sur de bonnes notes pour être bien jugé par l'histoire, la conviction de transformer le pays en un lieu de jouissance comme ce que nous voyons chez les autres, ce sont là quelques-uns des comportements qui peuvent induire des progrès. Pour le faire, il faut préparer les hommes nouveaux selon le principe de Napoléon, empereur français à qui l'on demandait un jour quand pouvait-on commencer l'éducation d'un enfant. Il a répondu : « *A vingt ans avant sa naissance, par l'éducation de sa mère* ». En effet, il convient de bien préparer les enfants géniteurs pour qu'ils puissent engendrer le genre d'hommes nouveaux qu'il faut pour des temps nouveaux. Des hommes qui n'ont pas vécu ni la colonisation ni l'esclavage et qui ont une vision autre des blancs pour être tentés de les prendre pour égaux dans des rapports équitables.

Ne tenons pas compte de la délinquance et du vandalisme des voyous. Une bonne gouvernance qui assure la paix sociale permettrait d'éviter ces désordres. Ce qui met les gens dans la rue, c'est les luttes politiques mal orientées qui débordent le cadre normale de la pratique politique pour verser dans le désordre. Les gens évoquent la pauvreté pour justifier de telles actions or, cette pauvreté sévit partout. L'on ne saurait verser dans le vandalisme le plus abject au nom d'une condition de démunissions généralisées qu'est la pauvreté et qu'on ne peut que vaincre par le travail.

Avant de faire le général, faisons le particulier d'abord en parlant de nous-mêmes centrafricains avant de nous étendre à l'Afrique. Sommes-nous prêts à opérer des changements pour que notre nationalisme soit plus ancré en nous maintenant. L'esprit de destruction sans égal que les gens manifestent lors des troubles politiques ; le sentiment de vivre dans le pays avec un cœur étranger qui fait qu'on s'implique facilement dans des événements rétrogrades peu importe leur ampleur sur la vie économique et politique du pays ; tout cela doit changer si nous voulons prétendre comme les autres à quelques développements que ce soit. Tant que nous ne serons pas animés du désir de réussite pour quelque entreprise qu'on nous confie, toutes nos actions ne seront que dérisoires. Ce sera très difficile dans un pays de roturiers à 85% où les gens s'alimentent de convoitise de toute sorte.

L'éveil de la conscience patriotique nait de ce qu'on entend, de ce qu'on lit, de ce qu'on fait autour de soi, de ce qu'on pense du temps passé, du présent et de l'avenir. C'est donc le domaine de l'histoire et de la littérature vivante, celle qui décrit l'homme en acte dans son milieu, avec les autres hommes auxquels il veut leur paraître utile. Cette mission d'éveil des consciences se concrétise dans les œuvres d'art dont les romans, les médias, les radios, les conversations dans les cafés et dans les familles.

Une grande part est faite à la religion non pas celle que les gens pratiquent à leur guise mais celle dont les enseignements réalisent l'accord d'esprit d'un peuple devant des objectifs d'intérêts communs. Je voudrais parler d'une idéologie politique soutenue par des révolutionnaires intrépides capables de convaincre les autres à leur point de vue ou de l'imposer. Dans l'état actuel des choses où la démocratie s'impose, on peut toujours essayer de voir si l'on ne peut pas tracer sa voie autrement si ce qu'on demande de faire en démocratie ne reçoit pas l'assentiment de tous.

Beaucoup ont tenté de le faire dans des parties politiques uniques. Ça a fini dans des massacres à cause de l'orientation ethnique que cette politique a prise et des affinités qui faisaient que les membres des classes dirigeantes étaient choisis parmi les proches. Cette ségrégation était source de haine, ce qui dressait les groupes les uns contre les autres.

La Corée du nord, la Chine, les pays arabes ne suivent pas la voie de l'Occident et pourtant ils ne sont pas pauvres. Tout est en devenir. Vouloir contraindre tout le monde à la démocratie, c'est comme forcer une gazelle à avaler un chameau vu les troubles que cette pratique d'alternance du pouvoir génère. L'Occident a insufflé ce qu'on a appelé le Printemps arabe avec l'espoir de voir les pays arabes embrasser la démocratie telle qu'on l'attend là-bas, cela a déclenché des mouvements insurrectionnels dont les terrorismes qui frappent partout sans distinction.

Et maintenant, les pays qui tiennent à la démocratie comme à une panacée pour résoudre tous les problèmes sociaux sont obligés de fermer les yeux sur certains comportements anti-démocratiques de leurs vassaux. Ils sont pris dans le piège des dictateurs surtout des pays de la C.E.M.A.C qui sont tous des pays francophones. Je pense au Burundi, au Congo Brazzaville, au Gabon et au Tchad dont les présidents rient au nez de la communauté internationale en pratiquant une démocratie qui leur est propre. Ils réussissent leur coup par des Dames jeannes de diamants et d'or qu'ils offrent au chef de l'Elysée pourtant tenant de la démocratie, du droit de l'homme et leur ferme la bouche, les obligeant à accepter les faits déjà avérés. Leurs homologues qui les ont précédés sont passés par la même voie pour se maintenir.

Ainsi donc, les oiseaux de même plumage se ressemblent et se rassemblent. Personne d'entre eux n'a de leçon à donner aux autres. Même ensemble autour d'une table, un coup d'œil suffit pour les faire taire. L'armée ne trahit pas. Ils sont presque tous des militaires-Sassou Nguesso du Congo, Débi du Tchad qui rêve d'un empire en Afrique Centrale à cause de son interventionnisme négatif ou positif dans les affaires de ses voisins aux cotés des impérialistes d'hier sous prétexte de lutter contre le terrorisme, il a acquis une notoriété qui le place au-dessus des autres présidents. Si le feu n'est pas éteint chez soi, comment l'éteindre chez les autres.

Il n'y a qu'une fédération qui peut sauver l'Afrique.

Printed by Books on Demand GmbH, Norderstedt / Germany